Fakultätsvorträge
der Philologisch-Kulturwissenschaftlichen Fakultät
der Universität Wien

Fakultätsvorträge

der Philologisch-
Kulturwissenschaftlichen Fakultät
der Universität Wien

2

herausgegeben von

Franz Römer
und
Susanne Weigelin-Schwiedrzik

Franz Römer (Hg.)

In Memoriam Wendelin Schmidt-Dengler

Vienna University Press
V&R unipress

Informationen über die Philologisch-Kulturwissenschaftliche Fakultät:
http://www.univie.ac.at/dekanat-phil-kult/

Kontaktadressen der Institute der Philologisch-Kulturwissenschaftlichen Fakultät:
http://www.univie.ac.at/dekanat-phil-kult/institute.html

Anfragen und Kontakt:
info.pkwfak@univie.ac.at

Bibliografische Information der Deutschen Nationalbibliothek
Die Deutsche Nationalbibliothek verzeichnet diese Publikation in der
Deutschen Nationalbibliografie; detaillierte bibliografische Daten sind
im Internet über http://dnb.d-nb.de abrufbar.
ISBN 978-3-89971-547-7

Veröffentlichungen der Vienna University Press
erscheinen bei V&R unipress GmbH

Vorwort

Der allzu frühe Tod von Wendelin Schmidt-Dengler am
7. September 2008 bedeutete für die Philologisch-
Kulturwissenschaftliche Fakultät einen ebenso schmerz-
lichen wie unersetzlichen Verlust. Zur Würdigung des
Verstorbenen, der seit 1966 an der Universität Wien
wirkte und seit 1989 o. Univ.-Prof. für Neuere Deutsche
Literatur war, fand am 31. Oktober 2008 ein von der
Fakultät gemeinsam mit dem Germanistischen Institut
gestalteter »Akademischer Abschied« statt. Zur Begrü-
ßung sprachen der Dekan und der Institutsvorstand,
Univ.-Prof. Dr. Michael Rohrwasser. Im Mittelpunkt der
Veranstaltung stand eine Rede von Univ.-Prof. Dr. Karl
Wagner (Zürich) und eine Lesung des Schriftstellers (und
em. Univ.-Prof. für Architektur) Friedrich Achleitner, die
von den zahlreich erschienenen Freunden, Kollegen und
Studierenden Schmidt-Denglers, die den Großen Fest-
saal der Universität bis auf den letzten Platz füllten, mit
großem Beifall aufgenommen wurden. Den Abschluss
bildeten Würdigungen von Seiten der Mitarbeiter (ao.
Univ.-Prof. Dr. Johann Sonnleitner), der Studierenden
(Mag. Elisabeth Grabenweger) und der internationalen
Fachwelt. Als deren Sprecher würdigte Doz. Dr. Tymo-
fiy Havryliv (Lviv / Lemberg), gleichsam exemplarisch,
die Verdienste Schmidt-Denglers um den Aufschwung
der germanistischen Literaturwissenschaft in der Ukrai-
ne.

Das vorliegende Heft der »Fakultätsvorträge« umfasst
den Nachruf Rohrwassers (Seite 11 ff.), die Rede Wag-
ners (S. 15 ff.) und Achleitners »Porträt« von Wendelin

Schmidt-Dengler (S. 25 ff.). Dazu kommt eine Würdigung durch Hubert Christian Ehalt, Wissenschaftsreferent der Stadt Wien, mit dem Schmidt-Dengler viele Jahre lang in vielfältiger Weise kooperiert hat (S. 7 ff.).

Wendelin Schmidt-Dengler, der leidenschaftliche Literaturforscher, der eigentlich schon selbst Literat war, der begeisternde akademische Lehrer, der Generationen von Studierenden in seinen Bann zog, und nicht zuletzt der ebenso freundliche wie engagierte Kollege hinterlässt eine empfindliche Lücke. Die Drucklegung des »Akademischen Gedenkens« an den großen Germanisten möge einen Beitrag zur bleibenden Erinnerung an ihn leisten.

Wien, im November 2008   Franz Römer, Dekan

Wendelin Schmidt-Dengler

Seine anregende, erhellende und erklärende Rede ist unersetzbar

Die Verbindung von herausragender literarisch-künstlerischer Arbeit und auf Kunst und Gesellschaft bezogener kritischer Analysearbeit ist eine zentrale Stärke der Wiener Geisteskultur. Diese »Aufklärung aus Wien« ist mit den Namen von herausragenden Persönlichkeiten verbunden: Karl Kraus, Helmut Qualtinger, Hilde Spiel, Thomas Bernhard, Elfriede Jelinek, Wendelin Schmidt-Dengler. Der Letztgenannte ist am 7. September 2008 unerwartet verstorben. 30 Mal hat Schmidt-Dengler bei den Wiener Vorlesungen in den letzten 21 Jahren referiert. Wie kein anderer Gelehrter – weltweit! – hat Schmidt-Dengler eine Verbindung zwischen AutorInnen, Literaturwissenschaft und Öffentlichkeit hergestellt.

Wendelin Schmidt-Dengler hatte es in den letzten 40 Jahren verstanden, die Barrieren zwischen der Wissenschaft und der Universität einerseits und den kulturellen Szenen der Stadt, vor allem der Germanistik und den Literaturschaffenden, aufzuheben. Er war nicht nur Forscher und Archivar der Gegenwartsliteratur. Er war Freund, Unterstützer und Anwalt der Autorinnen und Autoren.

Bei der Wahl des Wissenschafter des Jahres 2007 habe ich mein Votum für Wendelin Schmidt-Dengler mit folgenden sechs Punkten begründet:

1. Schmidt-Dengler hat nicht Ehrfurcht, sondern großen Respekt vor den Autorinnen und Autoren und ihren Texten.
2. Schmidt-Dengler ist ein gleichermaßen ausgezeichneter wie begeisterter und engagierter Universitätslehrer. Seine Vorlesungen sind immer ein Vergnügen für die Zuhörerinnen und Zuhörer, aber auch für ihn selbst.
3. Schmidt-Dengler »läuft« für seine Schülerinnen und Schüler, er hat eine ausgezeichnete Hand für sehr gute WissenschafterInnen, die er uneingeschränkt fördert. Er gibt das Virus seiner Begeisterung an viele Persönlichkeiten weiter.
4. Für Journalisten ist er einer der beliebtesten Experten, weil er rasch, präzis, kritisch und eloquent auf den Punkt zu kommen versteht.
5. Schmidt-Dengler hat eine Tugend, die ich mit »Tapferkeit vor dem Freund« benennen möchte. Kühl und unbestechlich steht er hinter seiner Sache, der Literatur. Kein old-boys-network kann ihn davon abbringen.
6. Er setzt sich kritisch mit dem institutionellen Regelwerk seines Faches und seiner Universität auseinander: als Mitglied des Senats der Universität, als Mitglied der Fakultät, als Institutsvorstand und als Professor.

Demokratisch-zivilgesellschaftlich-kritische Standards sind in der Gesellschaft immer in Gefahr. Damit sie sich auf einem guten Niveau befinden, ist eine Qualität notwendig, die ich nach Wendelin Schmidt-Dengler als »Schmidt-Dengler-Quote« benennen möchte. Je höher die Zahl von exzellenten, kritischen und brillanten Persönlichkeiten des Formats von Schmidt-Dengler in einer Gesellschaft ist, umso besser steht es um Demokratie,

Kritikfähigkeit, zivilgesellschaftliche Standards und deren Anwendung.

Wien verlor mit Wendelin Schmidt-Dengler einen der präzisesten und gebildetsten Wissenschafter und einen unbestechlichen Intellektuellen. Sein gleichermaßen anregender, erhellender und erklärender Redefluss ist unersetzbar.

Wien, im November 2008   Hubert Christian Ehalt

Zum Geleit

In der Zeit, die seit dem Tod von Wendelin Schmidt-Dengler vergangen ist, ist uns eines immer deutlicher geworden: die Löcher, die gerissen worden sind, lassen sich nicht einfach schließen, auch wenn wir das Institut heute als eine Einheit erfahren. Ich benutze den Plural, weil es unglaublich viele Arbeitsbereiche sind, in denen Schmidt-Dengler sich engagiert hat: mit Scharfsinn, Witz und Menschlichkeit, gepaart mit unermüdlichem Einsatz.

Ich habe mich umgehört nach den Zahlen der von ihm in den letzten dreißig Jahren betreuten Dissertationen, Diplomarbeiten und Habilitationen, und das simple Ergebnis ist das: Es gibt niemanden an der hiesigen Universität, der mehr Abschlussarbeiten betreut hat als Schmidt-Dengler.

Sicherlich war dies das Zentrum von Schmidt-Denglers Arbeit, was uns zeigt, wie ernst er die Studierenden genommen hat. Wer jemals ein Gutachten von ihm gelesen hat, weiß, dass er diese Arbeiten im besten Sinn gewürdigt und rezensiert hat. Und er hat seine Schülerinnen und Schüler auch später nicht aus den Augen verloren und in vieler Hinsicht unterstützt.

Er hat auch das Institut ernst genommen. In schwierigen Zeiten, in denen sich niemand fand, der die Institutsgeschäfte erledigen wollte, hat er sich den Aufgaben nicht entzogen. Neun Jahre lang hat er auf vorbildliche Weise die Vorstandsgeschäfte übernommen, die Interessen des Instituts mit kämpferischem Esprit verteidigt und sich nie vor einem öffentlichen Wort gescheut.

Daneben hat er die vielen Franz-Werfel-Stipendiatinnen und -Stipendiaten betreut, die in aller Welt verstreut waren und sich jährlich unter seiner Leitung in Wien trafen, er hat zahllose Berufungskommissionen geleitet, er hat verschiedene Gesellschaften ins Leben gerufen, deren Vorstand er angehörte, und ich bitte Sie mir zu erlauben, einige davon aufzuzählen: Er war Präsident der Georg-Saiko-Gesellschaft, die Stipendien an junge Autorinnen und Autoren vergibt, er war Präsident der Albert-Drach-Gesellschaft und Mitherausgeber der Werke Drachs, Gründungsmitglied der Thomas-Bernhard-Privatstiftung und der Erika-Mitterer-Gesellschaft, er hat jedes Jahr als Referent an Fortbildungstagungen für Lehrerinnen und Lehrer teilgenommen, er hat eine Kooperation mit der Alten Schmiede aufgebaut und dort die Wiener Vorlesungen zur Literatur ins Leben gerufen, er war Gründungsmitglied der Österreichischen Gesellschaft für Germanistik und hat dort entscheidende Basisarbeit geleistet – natürlich war er dort fast jedes Jahr auch als Referent zugegen. Er hat als Leiter Projekte am Österreichischen Literaturarchiv ins Leben gerufen, war beteiligt an der Gründung der »Profile« (der Buchreihe des ÖLA) und deren Dauerautor, er war präsent im Kulturhaus von Mürzzuschlag, auf dem Steirischen Herbst, auf dem Forum Alpbach, dem Philosophicum Lech, man traf ihn aber auch in ausländischen Kulturinstituten und Literaturhäusern, beispielsweise in Berlin, man hörte ihn in Wien, wenn man das Radio einschaltete, oder las ihn, wenn man eine Zeitung, den »Falter« oder »Literaturen« aufschlug.

Schließlich war er der große Vermittler zwischen Literatur und Wissenschaft, der Betreuer von Autorinnen und Autoren – und ich betone die Silbe »treu« – er blieb ihnen treu, wenn andere schon anderswo waren – ich nenne stellvertretend den Namen von Marianne Fritz, die er bis zu ihrem Tod regelmäßig besucht und behütet hat.

Er war der Hüter der demokratischen Spielregeln, im Institut wie im Wiener Literaturhaus, er war der impulsgebende Wissenschaftler, der die Wiener Germanistik nach außen geöffnet hat.

Was wir in unseren Nachrufen ahnungsvoll skizziert haben, dass wir einen Freund und Kollegen verloren haben, der das Institut und das Fach wie kein anderer prägte, können wir heute nur mit größerem Nachdruck wiederholen. Elfriede Jelinek hat Schmidt-Denglers Wirken über viele Jahre beobachtet, und was sie über ihn gesagt hat, ist noch nicht in alle Bereiche der Universität gedrungen, deshalb will ich es wiederholen:

Elfriede Jelinek: »Er hat ja allein die Universität Wien international aufgewertet, ihr Ranking hat sie zu einem großen Teil ihm zu verdanken«.

Michael Rohrwasser, Institutsvorstand

Rede auf Wendelin Schmidt-Dengler
in Wien, am 31. 10. 2008

Karl Wagner

Es gibt keinen Trost. Ich werde daher, um mit dem russischen Dichter Joseph Brodsky zu sprechen, auch keine magere Rede »nach oben schicken / in Richtung der altherkömmlich stummen Gebiete«, wie es in seinem »Wiegenlied von Cape Cod« heißt.

Unübertroffen bleibt also weiterhin das berühmte Epitaph, das sich William Butler Yeats für sein eigenes Grab im Friedhof von Drumcliff, am Fuße des wie ein gekentertes Boot daliegenden Bergrückens Ben Bulben gedichtet hat: »Cast a cold eye / On Life, on death, / Horseman, pass by«, verbunden mit der Anweisung: »No marble, no conventional phrase.« Ein anderer berühmter Lakonismus, der auch nicht in Erfüllung gegangen ist, stammt von William Faulkner, der dieses gewünscht hat: »It is my aim... that the sum and history of my life... shall be...: He made the books and he died.« Im Blick auf Wendelin Schmidt-Dengler, dessen langer Name – selbst ohne Titelei – der Reduktion einen gewissen Widerstand entgegensetzt, könnte das Lakonische so lauten: »Er hat gesprochen und er ist tot.«

Vielleicht darf ich hier noch Heimito von Doderers Satz über den Dichter anfügen, den Wendelin so gern zitiert hat wider den Künstlerkult: Dieser sei nämlich »ein Herr unbestimmbaren Alters, der einem dann und wann im Treppenhause begegnet«.

So eine Verkürzung überhaupt zu denken, ist nur bei einem möglich, von dem man weiß, dass von ihm durch noch so radikale Reduktion etwas bleibt: etwas, das gerade durch die Reduktion ausgesprochen und verstärkt wird. Für uns Gewöhnliche ist eher das *blow up* des Nachrufs tauglich und beliebt, das aus der Mücke einen Elefanten macht. Deshalb sind die konkreten Ausprägungen dieses Genres fast immer unangenehm, geheuchelt und verlogen.

Und deshalb ist das Schweigen auch so berechtigt; allerdings nur dann, wenn es nicht insinuiert, damit die wahre Trauer zu sein. Berufungen auf Elfriede Jelinek sind jedenfalls unstatthaft; denn wenn ihr auch die Worte zu seinem Tod gefehlt haben, hat sie immerhin nicht vergessen anzufügen, dass ihm, Wendelin Schmidt-Dengler, in einer solchen Situation die Worte auf keinen Fall gefehlt hätten.

So ist es. Dass mit Trostlosigkeit nichts zu gewinnen sei, war ein Credo, das er mit Fontane gemeinsam hatte und das beide zu unglaublicher Produktivität befähigt hat. Was natürlich für keinen von beiden (und von uns) Ilse Aichingers radikalen Satz auszulöschen vermag: »Positiv denken ist das Gegenteil von Denken«.

Ich habe nicht im Geringsten die Absicht, hier und jetzt mit dem Gestus des Abschließens zu sprechen – in mehrfachem Sinne wäre das zu früh und auch pietätlos. Trauer ist keine Sache von Schnelligkeit; das darf man gerade dann sagen, wenn einer gegangen ist, der es mit dem Davongehen viel zu eilig hatte. Ich wünsche also der Wiener Universität, womöglich zum Schrecken ihrer Funktionäre, dass ihr dieser begnadete Mann noch lange zu schaffen macht.

Zweifellos wird diese Institution noch einige Zeit brauchen, um zu begreifen, dass sie nicht einen »Formulierungskünstler« verloren hat, wie sie in einer ersten sprachlosen Reaktion und garantiert ohne jede Einfallskunst verlauten ließ, sondern einen international geschätzten und gesuchten Gelehrten. Einen also, den sie in ihrer desperaten und selbstgefälligen wie auch inflationären Fertig-Rhetorik ständig als Leitbild verkündet hat, ohne zu merken, dass sie in Wendelin Schmidt-Dengler längst schon einen hatte, der dies wirklich war. Und vor allem auch ohne auf die Idee zu kommen, ihm dies als Anerkennung zuteil werden zulassen, womöglich vor dem Tod.

Zu diesem Verkennen mochte beigetragen haben, dass man sich »Weltklasse« wohl etwas zu willfährig und weniger unbequem vorgestellt hat; oder vielleicht auch nur etwas eitler und gerade in diesem Narzissmus allzu berechenbar? Mit solchen Wahrnehmungsmustern konnte man »naturgemäß« nicht auf einen wie Schmidt-Dengler verfallen, der das Unvorhergesehene liebte und zu überraschen verstand. Die Kunst des Einfalls statt des Rituals der Routine war sein Elixier: das machte ihn so überzeugend als Lehrer, als Wissenschaftler und als Person. »Naturgemäß« ergibt das auch Friktionen mit dem Institutionellen. Es ist aber angezeigt zu bemerken, dass Schmidt-Dengler gerade dadurch die Dauer und Haltbarkeit von Konventionen und Ritualen zu erhöhen wusste. Statt mit dem Bruch der Routine, frei nach Kafka, lediglich eine neue zu begründen, setzte er auf den Reiz der Reibung. Je weniger die Institution das kapiert hat, desto mehr reizte es Schmidt-Dengler, selbst zu einer Institution zu werden: Das ist die subtilste Rache an einer Institution. Und sie ist ihm gelungen. Seine vielen Jahre als Institutsvorstand sind ja nur als eine Vorkehrung gegen die Zumutungen der Umständlichkeit und der Bürokratie wirklich zu begreifen – und vor allem auch gegen die Demütigungen durch kollegiale Herrsch- und Eifersucht.

In diesem Sinne darf man sagen: Schmidt-Dengler fehlt, wie jede gute Institution fehlt – man bemerkt es erst, wenn sie nicht mehr da ist. Das Unkonventionelle innerhalb der Konvention – zum Beispiel die Höflichkeit und das Abstandhalten (nicht die »Krankheit der Distanz«, wie Thomas Bernhard einmal über sich selber gesagt haben soll) – ist gerade in einer Einrichtung wie der Universität nichts Einfaches. Keiner konnte es ihm auch darin gleichtun. Umso überraschender lesen sich die Nähe-Erlebnisse der Nachrufenden.

Obwohl Wendelin Schmidt-Dengler viele Bücher geschrieben und noch mehr angestiftet, befördert und bevorwortet hat, ist für ihn als Wissenschaftler und Schreiber – anders verhält es sich mit dem Leser – das Buch nicht das charakteristische Medium. Etwas viel Flüchtigeres nämlich, das gesprochene Wort, seine Stimme und seine sokratischen Fähigkeiten machen sein Unvergängliches aus. Wenngleich auch geschrieben und ausformuliert, war die Vorlesung und die Rede (in allen universitären oder sonstwie öffentlichen Formen) sein eigentliches Terrain. Dass er wie »gedruckt« reden konnte, ist in einem Land, wo die Kunst der öffentlichen Rede so danieder liegt, dass jeder halbwegs begabte Provinzdemagoge zum Popstar wird, lediglich eine Floskel, die vom Entscheidenden ablenkt: Sein Geschriebenes ist nämlich vor allem anderem geschriebene Mündlichkeit – somit eine gute Vorkehrung gegen das Gespreizte, das Unverständliche oder das akademische Imponiergehabe mit seiner Phrasenhaftigkeit und seinem Sprachbeton. Mit dem Flüchtigsten, seiner Stimme, wird er uns immer im Gedächtnis bleiben. Dass die Universität, nicht nur die Wiener, so wenig darauf gibt, ist unverzeihlich: Die Reaktionen auf Schmidt-Denglers Tod zeigen jedoch, dass das sokratische Erbe, der logos spermatikos, am unverwüstlichsten ist. Es kann nur nicht in pädagogisch-didaktischen Care-Paketen verwaltet werden. Es ist eben so erstaunlich wie ermutigend, dass sich das Untrennbare von Wissenschaft, Lehre und Person – das Besondere also an Schmidt-Dengler – mit den Worten Leo Spitzers, eines anderen weltberühmten Philologen aus Wien, immer noch am präzisesten beschreiben lässt:

> Und schließlich ist, wie ich glaube, das wissenschaftliche Objekt doch letztlich nur jenes Medium, in dem die Geister der Lehrenden und Lernenden sich treffen – ein Mittel dazu, dass Menschen zueinander kommen, weil sie *direkt* auf dieser Welt so selten zueinander können. Ziel der Wissenschaft ist doch letztlich nicht bloß die Sache, sondern »der Mensch«, der Mensch mit seiner Sache, der Sache, die er vertritt, der Sache, der er bedarf, um sich hienieden zu behaupten [...] Ein großer Roman ist [sc. Spitzer war von diesem Fach, K. W.] – das ist für mich nicht nur, wer ein Kompendium des Wissens zu bieten hat, sondern wer sein Gebiet seinem Publikum »vorzulegen«, »darzuleben« versteht.

Schmidt-Dengler hätte diesen etwas herrischen Gestus gemieden, gerade weil er ein Herr war, wie keine Berufenere als Daniela Strigl zu sagen wusste. In gewisser Weise war er wirklich der letzte Professor, dem man diese Rolle noch abgenommen hat; er hat sich zu dieser Rolle in ein Verhältnis gesetzt, das nicht nur ironisch war: Er wollte nämlich nicht den Habitus, sondern den Spiel-Raum dieser Rolle retten. Von der Art und Weise, wie er diesen Spiel-Raum nicht für sich, sondern für andere genützt hat, wird noch zu sprechen sein, nicht nur heute.

Ich möchte mit einem (womöglich gar nicht vollständigen) Momentbild – was weiß man schon, wenn man in Zürich ist? – das nicht untypisch ist für Wendelin Schmidt-Denglers Arbeitsethos, seine Produktivität und seinen sokratischen Nimbus andeuten, wie einer gearbeitet haben muss, um jene Präsenz zu erzeugen, die viele bewundern – und einige verabscheuen, weil sie irrtümlich glauben, diese Präsenz sei ihm geschenkt worden.

Am Tag vor seinem plötzlichen Tod am 7.9.2008 erschien in der Wochenendausgabe des »Standard« Schmidt-Denglers Gegenrede zum üblich gewordenen Lamento über die nicht- oder nicht mehr lesenden Studenten; jeder von uns hat in diese schon einmal eingestimmt, auch er; und jeder von uns ist einmal, als Student, Adressat dieser Klage gewesen. Denn es wurde schon immer nicht mehr gelesen, jedenfalls in den Augen der Kulturkritiker.

Im September dieses Jahres erschien in der zweimonatlich erscheinenden Literaturzeitschrift »kolik« seine Laudatio auf Ann Cotten, aus Iowa stammend, in Wien aufgewachsen und jetzt in Berlin lebend. Sie hat hier in Wien Germanistik studiert und bei Schmidt-Dengler ihr Studium abgeschlossen. Die Laudatio von Wendelin Schmidt-Dengler auf das furiose Debüt dieser Autorin – »Fremdsprachensonette« in der edition suhrkamp – beweist, dass er nicht nur an der Universität Wien am Platz war, sondern auch auf den Plätzen draußen. Nur einen hat er da wie dort gemieden: den Gemeinplatz, etwas also, das in Österreich einen bedrohlichen Nebensinn entwickeln kann.

Und schließlich erschien in jenen traurigen Septembertagen auch seine »Presse«-Rezension von Ruth Klügers Fortsetzung ihrer Autobiographie, die den Titel »unterwegs verloren« trägt. In diesen Erinnerungen kommen Wien, die Wiener Universität und insbesondere auch das Institut für Germanistik nicht so vor, wie es die erwähnte institutionelle Strahle-Rhetorik gern hätte. Nebenbei gesagt: Es stünde den Universitäten, nicht nur der Wiener Universität, gut an, wenn sie mehr auf die Bilder achteten, die sich die Schriftsteller von ihr bzw. von ihnen machen. Vertriebene Nobelpreisträger aufzubieten, ist dagegen in jeder Hinsicht ein Gemein-Platz. Schmidt-Dengler hat in seiner Rezension von Klügers Buch etwas gemacht, das er wie kein anderer beherrschte: durch Höflichkeit und Takt etwas zu retten, was sonst verloren gegangen wäre. In diesem Fall: die Verbindung Ruth Klügers zu dieser Institution, die ihr so fremd geblieben ist und in der sie nicht das fand, was österreichische Politiker und Professoren, insbesondere ohne Augenschein, so schnell finden, ohne dann einen Finger zu rühren, um vergleichbare Möglichkeiten zu schaffen: die amerikanische Ivy League. Schmidt-Denglers *grandezza* in dieser Besprechung erwies Ruth Klüger nachträglich ihren Respekt: »Ich weiß, es war das Letzte, was er gemacht hat. Er war ungeheuer großzügig, wenn man bedenkt, dass ich in dem Buch ja über sein Institut ziemlich hergefallen bin. Ich war gerührt und beschämt.«

Hinzufügen möchte ich noch, obwohl der betreffende Band noch nicht erschienen ist, Schmidt-Denglers Arbeit an der Edition von Thomas Bernhards Werken, zuletzt: an dessen Roman »Alte Meister«. Denn damit ist, in jeder Hinsicht, die Arbeit an einem philologischen Lebenswerk bezeichnet.

Allein die Vielgestaltigkeit dieser letzten Arbeiten beweist, dass hier einer am Werk war, der Verschiedenes zur gleichen Zeit tun konnte, während die meisten von uns nicht einmal mit dem einen zurande kommen. Neid ist in einem solchen Fall ein nahe liegendes Gefühl; und er bekam ihn auch zu spüren. Wenn man schon selber die eine Rolle falsch spielt: wie muss erst einer sein, der mehrere Rollen zur gleichen Zeit beherrscht. Es ist eine Tragödie, dass in dieser akademischen Welt verlernt wurde, theoretische Gegensätze nicht als persönliche auszutragen: Undenkbar wäre heute, jedenfalls hier, eine Widmung à la Spitzer, die dieser, übrigens an die erste habilitierte Romanistin, Elise Richter, geschrieben hat: »in verehrungsvoller Gegnerschaft«.

Eine Trauerrede ist aber, wie mir die Selbstzensur sagt, nicht der Ort für Gedanken darüber, wie eine Institution mit Menschen umgeht; gar nicht zu reden von der Art, wie die Menschen in der Institution Universität miteinander umgehen. Das traditionell idealistische Sprechen über die sänftigende Wirkung von Literatur hat es nicht leicht an einem Institut für Literatur in dieser oder jener Sprache.

Natürlich durfte und darf man an Schmidt-Denglers Art und Weise, Literaturwissenschaft zu betreiben, auch Kritik üben. Er war in der Selbstkritik, die unter den Vorzeichen der Weltklasserhetorik zu einem auszurottenden Stigma geworden ist, den Opponenten auch darin eine Nasenlänge voraus. Wie alle, die nur eines können, haben sie seinen Umgang mit den Medien verabscheut, in denen sie selber nur zu gern vorgekommen wären. Und natürlich war der Konflikt zwischen Literaturwissenschaft und Literaturkritik auch für ihn ein Problem. Vielleicht kann man als größtes Kompliment sagen: nie hat er den Elfenbeinturm an die Plätze verraten, während viele, ohne Kontakt mit den Plätzen, den Elfenbeinturm preisgegeben haben, dessen Lob dereinst kein Geringerer als der berühmte Kunsthistoriker Erwin Panofsky in der amerikanischen Emigration angestimmt hat.

Für diejenigen, die Doppelrollen nicht kennen, stellte sich, naturgemäß nicht im eigenen Fall, diese frei nach Robert Walser formulierte Frage: Ist's nicht mehr Wissenschaft, was Du da treibst? Schmidt-Dengler hat für diese Doppelrolle anlässlich der Auszeichnung als »Wissenschaftler des Jahres 2007« die wunderbare Formulierung gefunden: »Ich sitze gern zwischen den Stühlen und springe schnell auf«. Man darf annehmen, dass dies keine nur bequeme Position war.

Ich will aber nicht nur diese hinfälligen Sätze sagen, die im Augenblick auch schon wieder verrauschen. Ich möchte die öffentlichen Institutionen dieses Landes und dieser Stadt – vor Zeugen – an- und aufrufen, Wendelin Schmidt-Dengler dauerhaft zu ehren. Und ihm so auch dafür zu danken, dass er diese Universität, diese Stadt und die Literatur dieses Landes in der Welt bekannt gemacht hat.

*

Die Universität und die Stadt Wien mögen also übereinkommen, ein Wendelin Schmidt-Dengler-Stipendium ins Leben zu rufen. Ein Wendelin Schmidt-Dengler-Stipendium für junge osteuropäische Doktoranden und Doktorandinnen, damit diese hier in Wien ihre Forschungen zur österreichischen Literatur und Kultur vorantreiben können. Es schiene mir angebracht, wenn die

Öffentlichkeit darüber wachte, dass dieser Vorschlag Wirklichkeit wird.

*

Es bleibt freilich dabei. Es gibt keinen Trost. »Gerettet sind wir / durch nichts / und nichts / bleibt für uns«. Wann, wenn nicht jetzt, wären von diesem Dichter, Ernst Meister, meine Lieblingsverse zu zitieren?

> UND BIS ZULETZT
> zärtliche Wissenschaft.
> Das Vergebliche, kann sein,
> nicht umsonst. Das wirklich Nichtige aber
> ist voll deutlich
> immer da.

das projekt
eine geschichte für wendelin schmidt-dengler

Friedrich Achleitner

nachdem sich die *lustige aktion* als ein erfolg erwiesen hatte – die *adjektivisten* alt, blau, braun, breit etc. zogen bekanntlich jeden 31. dezember abends um halb acht über den wiener graben, während sich die *substantivisten* fels, hahn, hals, kalb etc. für den ersten jedes jahres für vier uhr früh entschieden hatten – begann es unter den *professionisten*, also den namensträgern mit vorwiegend handwerklichen berufen wie bäcker, bauer, fischer, schlosser oder schmied zu gären. sie wollten sich, einmal organisiert, was ein logistisches meisterwerk war und ohne moderne computertechniken nicht einmal denkbar gewesen wäre, etwas ganz besonderes einfallen lassen. es sollte jeweils ein runder geburtstag eines berühmten namensträgers ihrer professionen durch einen umzug auf der wiener ringstraße gefeiert werden. das projekt entwickelte sich zum projekt und die kritischen stimmen waren nicht unbeträchtlich; schon allein was den begriff *rund* betraf gab es die größten differenzen. schließlich einigte man sich auf die zahl fünfzig, was sich als sehr naiv und realitätsfremd herausstellte, da allein schon die berühmten schmidts täglich die ringstraße blockiert hätten. es sollten ja nicht nur die einfachen namen wie wagner, gerber, zimmermann, schuster oder müller berücksichtigt werden, sondern auch so seltene wie lebzelter, bereiter, tagwerker, wachszieher, glockengießer, kistenmacher, stiegler oder ziegler. den initiatoren mit den einfachen namen und oft genauso einfachen gemüts wie töpfer, weber, maurer, gärtner oder buchbinder stiegen die grausbirnen auf, als sie die rein quantitative dynamik des projekts erkannten. schließlich ging es ja zusätzlich nicht nur um seltene namen oder berufe die ausgestorben waren, sondern auch um solche, die sich in die existenz eines professionellen namensdaseins hineingeflüchtet oder gar hineingemogelt hatten, wie mehlmann, rad- oder sagmeister, dengler oder fechter, leser oder bürgermeister, wie der berühmte vizebürgermeister von prag. ja selbst holzmeister oder holzbauer hätten es schwer, sich in einem solchen umfeld behaupten zu können.

da es zu jedem gemeinen namen oft hunderte berühmheiten gab und natürlich auch solche die als echte jubilare mit neunzig oder hundert jahren oder gar posthum unbedingt gefeiert werden mußten, entstand nicht nur ein veritabler stau – die ringstraße hätte zur fußgängerzone erklärt werden müssen – sondern überhaupt eine totale zeitmauer die niemand übersteigen, geschweige denn durchbrechen konnte. schließlich denunzierten einige politisch sensibleren das projekt als ein ständestaatliches, was nicht von der hand zu weisen war, weil ja die namensgruppen deutlich gekennzeichnet über den ring marschieren sollten, was ständestaatlichen aufmärschen (übrigens eine dürftige kopie der festzüge in der monarchie) sehr nahe kam. den erlösenden gedanken hatte der träger eines doppelnamens, herr müller-wirt: er erinnerte sich, dass schon im neunzehnten jahrhundert die dichter und gelehrten müllers, schneiders, fischers oder maiers auf dem gesellschaftlichen parkett doppelnamen zwecks unverwechselbarkeit trugen, was natürlich oft nur ein plagiat oberschichtlicher gepflogenheiten war, aber mit sicherheit wirkte.

jetzt sind wir aber vom thema abgekommen, sagte ein
bedeutendes mitglied der kommission. nein gar nicht,
entgegnete ein zweites. die doppelnamen sind unsere
einzige rettung und ich könnte auch gleich einen bedeu-
tenden germanisten, kommentator der alten und kritischen begleiter der neuen poesie vorschlagen, träger
eines lupenreinen doppelnamens, der, nomen est omen,
gleich zwei ehrwürdige berufe vereint, wobei man es in
beiden zur höchsten kunstfertigkeit bringen kann. sie
ahnen es bereits, sagte er mit tragender stimme und
blickte siegessicher in die runde der versammelten. wenn
sie den meinen, den ich vermute, warf ein bekannter
querkopf und dreinredner ein, dann hätte ich schon einige einwände. welche, schrie das versammelte konsortium
und der störenfried mußte zur argumentation ansetzen.
vorausgesetzt, dass wir den gleichen meinen, eröffnete
der die rede – lassen wir die katze doch endlich aus dem
sack – vorausgesetzt, dass es sich um schmidt-dengler
handelt, so sollte man nicht schmidt mit schmied ver-
wechseln, wer weiß woher dieser verschnitt überhaupt
kommt und ob er etwas mit dem ehrlichen meister-
handwerk zu tun hat. na, da hat er in die richtige falle
getappt. die fachleute der kommission redeten fast
gleichzeitig und jeder hatte eine andere etymologie bereit,
sodass man zum schluss nur mehr vernehmen konnte,
dass die hochgeschätzten erzarbeiter althochdeutsch
smid, mittelhochdeutsch smit oder altfriesisch smith
hießen, jedenfalls dass sich in dem namen schmidt be-
trächtliches nominalistisches erbgut versammelt hätte,
was das biedere neuhochdeutsche schmied geradezu als
kümmerform erscheinen lasse.
  um dem querulanten gleich den weg abzuschneiden,
eröffnete der vorsitzende die debatte über die berufsbe-

zeichnung dengler. zugegeben sagte er, die denglerei gehört ursprünglich in das tätigkeitsfeld des schmiedes, denn das dengeln ist ja nur eine art kalte sensenschmiede in permanenz, eine kunst die natürlich auch jeder hörndlbauer beherrschen mußte. es sei geradezu ein glück, sagte er, dass sich bei schmidt-dengler im doppelnamen eine répétition differente ereigne, eines der ältesten kunstmittel überhaupt, wenn nicht gar eine rhetorische kategorie. inzucht, brüllte der querdenker, inzucht, zumindest eine tautologische peinlichkeit und verließ unter protest den saal. es gibt halt immer wieder leute, die keinen sinn für abweichende wiederholungen haben, einfach keinen sinn. obwohl früher jeder schmidt ein dengler war, so war doch noch lange nicht jeder dengler ein schmidt, fügte an unpassender stelle ein mitdenker ein. warum regt sich dieser affe nicht über namen wie schmiedbauer auf, nicht? schluß der debatte. nach dieser debatte hatte niemand mehr an einen marsch über die ringstraße gedacht. außerdem hätte sich die diskussion um die auswahl der namen und präferenzen für jubilare ins endlose fortgesetzt. das projekt hätte vermutlich, auch wenn man sofort begonnen hätte es vorzubereiten, jahrzehnte benötigt, sodass man frühestens den achtzigsten geburtstag hätte feiern können. da fand das kunsthaus mürz einen ausweg, was wieder einmal beweist, dass kleine organisationen viel schneller und flexibler reagieren können. der ausweg war das geburtstagsfest in der grünen steiermark, wodurch es nur zu einer einjährigen verspätung kam, was angesichts des projektes einem weltrekord gleichkommt. lieber wendelin, dir ist zu gratulieren.

17. 9. 2003